ISBN 978-0-484-29566-6
PIBN 10725034

This book is a reproduction of an important historical work. Forgotten Books uses state-of-the-art technology to digitally reconstruct the work, preserving the original format whilst repairing imperfections present in the aged copy. In rare cases, an imperfection in the original, such as a blemish or missing page, may be replicated in our edition. We do, however, repair the vast majority of imperfections successfully; any imperfections that remain are intentionally left to preserve the state of such historical works.

1 MONTH OF
FREE
READING

at

www.ForgottenBooks.com

By purchasing this book you are eligible for one month membership to ForgottenBooks.com, giving you unlimited access to our entire collection of over 1,000,000 titles via our web site and mobile apps.

To claim your free month visit:

www.forgottenbooks.com/free725034

SSOCIATION POUR L'ENSEIGNEMENT DE ... NCES ANTHROPOLOGIQUES
(RECONNUE D'UTILITÉ PUBLIQUE)

REVUE MENSUELLE

DE

ÉCOLE D'ANTHROPOLOGIE

DE PARIS

Publiée par les Professeurs

PREMIÈRE ANNÉE. — I. — JANVIER 1891

SPÉCIMEN

PARIS

ANCIENNE LIBRAIRIE GERMER-BAILLIÈRE ET Cie

FÉLIX ALCAN, ÉDITEUR

108, BOULEVARD SAINT-GERMAIN, 108

1891

La Revue mensuelle de l'École d'Anthropologie de Paris parait le 15 de chaque mois. Chaque livraison forme un cahier de deux feuilles in-8° raisin (32 pages) renfermé sous une couverture imprimée et contenant :

1° Une *leçon* d'un des professeurs de l'École. Cette leçon qui forme un tout par elle-même est accompagnée de gravures, s'il y a lieu.

2° Des *analyses* et *comptes rendus* des faits, des livres et des revues périodiques, concernant l'anthropologie, de façon à tenir les lecteurs ▉urant des travaux des Sociétés d'anthropologie françaises et étran ▉s, ainsi que des publications nouvelles.

3° ▉s le titre : *Variétés* sont rassemblées des notes et des documents ▉ant être utiles aux personnes qui s'intéressent aux sciences anthrogiques.

S'ADRESSER, POUR LA RÉDACTION :

M. Ab. Hovelacque, 38, rue du Luxembourg, Paris ;

POUR L'ADMINISTRATION :

A M. **Félix Alcan**, libraire-éditeur, 108, boulevard Saint-Germain, Paris.

PRIX D'ABONNEMENT :

Un an (à partir du 15 janvier) pour tous pays. . . . . 10 fr

La livraison : 1 fr.

On s'abonne à la librairie FÉLIX ALCAN, *chez tous les libraires et dans tous les bureaux de poste.*

ÉCOLE D'ANTHROPOLOGIE

Cours de la quinzième année (1890-1891)

15, RUE DE L'ÉCOLE DE MÉDECINE

Lundi	4 h.	**G. de Mortillet.** — Anthropologie préhistorique. *L'origine de l'agriculture.*
—	5 —	**Mathias Duval.** — Anthropogénie et Embryologie. (Le cours est remis pour raison de santé).
Mardi	4 —	**André Lefèvre.** — Ethnographie et Linguistique. *L'évolution linguistique. Origines du langage articulé.*
—	5 —	**G. Hervé.** — Anthropologie anatomique. *Histoire naturelle générale de l'homme et des races humaines.*
Mercredi	4 —	**J.-V. Laborde.** — Anthropologie biologique. *Les fonctions intellectuelles et instinctives.*
—	5 —	**Mahoudeau.** — Anthropologie histologique. *Histologie de la peau, de ses annexes et des organes des sens.*
Vendredi	4 —	**Bordier.** — Géographie médicale. *L'acclimatation. Rôle du milieu intérieur dans les phénomènes d'acclimatation.*
—	5 —	**Manouvrier.** — Anthropologie physiologique. *L'anatomie humaine dans ses rapports avec la psychologie.*
Samedi	4 —	**Ch. Letourneau.** — Sociologie. *L'évolution mythologique dans les races humaines.*
—	5 —	**A. de Mortillet.** — Ethnographie comparée. *Industrie des populations préhistoriques et des peuples sauvages modernes.*

REVUE MENSUELLE

DE

L'ÉCOLE D'ANTHROPOLOGIE DE PARIS

PAUL BROCA

Fondateur de la Société d'anthropologie
et de l'Ecole d'anthropologie.

(1824-1880)

AVANT-PROPOS

Le titre de cette publication en dit assez la destination et le but : être l'organe de l'Ecole d'Anthropologie pour répandre, en le vulgarisant, son enseignement ; en même temps tenir au courant des travaux et des progrès de l'anthropologie tous ceux qui s'intéressent à cette science.

La participation directe, la collaboration effective de tous les professeurs de l'Ecole, donnent un caractère particulier à ce complément de leur œuvre, jugé dès longtemps nécessaire.

Depuis sa fondation par Broca, — il y a quinze ans, — l'Ecole d'Anthropologie (*Association pour l'enseignement des sciences anthropologiques*) s'est développée avec un progrès croissant ; constituée d'abord avec cinq professeurs, elle a dû, pour satisfaire aux exigences de son enseignement, élargir peu à peu ses cadres. Aujourd'hui elle ne compte pas moins de neuf chaires, occupées par des titulaires ou des suppléants, et répondant aux diverses branches de l'enseignement anthropologique.

Après s'être ainsi affirmée par son succès et par son extension, l'Ecole, reconnue d'utilité publique, a reçu la consécration légale qui assure son existence civile et garantit son avenir. Il lui manquait, pour compléter son œuvre de vulgarisation, un organe attitré. Ce complément, cet organe, le voici ; il dira par lui-même ce qu'il est et ce qu'il vaut.

LA RÉDACTION.

Janvier 1891.

DU CRI A LA PAROLE

EMBRYOGÉNIE DU LANGAGE. — LE CRI ÉMOTIONNEL ; LE CRI D'APPEL L'ONOMATOPÉE. — LA MÉTAPHORE

DISCUSSION ET RÉSUMÉ

Par ANDRÉ LEFÈVRE

Pour établir la descendance de l'homme, le naturaliste recherche de couche en couche, de dépôt en dépôt. les formes vivantes ou éteintes qui ont pu servir de transition entre les embranchements, les classes, les ordres et les espèces. En dépit de lacunes nombreuses, il parvient à suivre le travail de la sélection et de l'hérédité, la complication croissante des organes et des fonctions, la coordination lente des membres autour d'une corde dorsale protégée par une enveloppe qui s'ossifie en vertèbres, et finalement la concentration de la substance nerveuse et de ses énergies diverses dans un ganglion cérébral où les impressions extérieures viennent se répercuter en idées et en mouvements.

C'est grâce à des procédés analogues que le linguiste remonte, de la phase analytique moderne à l'étage flexionnel, puis à l'agglutination, et au monosyllabisme ; et, selon toute vraisemblance, il y a bien là un cycle du langage, une série dont les degrés divers sont encore occupés chacun par un ou plusieurs groupes d'idiomes, ralentis ou hâtés dans leur marche, soit par des circonstances connues, isolement, migrations, mélanges, soit par des aptitudes ou des infériorités, ethniques ou nationales, durables ou passagères.

Mais cette classification ne nous mène pas bien loin dans le passé.

En outre, les quatre grandes catégories où se rangent tous ces idiomes, n'impliquent entre eux aucune parenté. C'est le vocabulaire, et non la syntaxe ou la grammaire, qui fait la parenté organique. Or les vocabulaires, patrimoine de familles entièrement distinctes, ne peuvent être ramenés à une seule et commune origine, parce qu'ils sont nés d'aptitudes vocales et cérébrales différentes. Ce n'est pas un coup de théâtre, comme la légende de Babel, qui a dispersé les peuples et les langues.

Chaque arbre linguistique a germé, s'est ramifié à part, dans son aire propre ; chaque famille ne peut être étudiée qu'en elle-même ; et, dans chacune, nous ignorons complètement les transitions antérieures à la période historique et pour ainsi dire actuelle.

Faut-il donc avouer, avec M. Michel Bréal, que l'origine, non point du langage, mais du sens des mots, est hors de notre portée ? Mais ce savant lui-même, si hardi dans sa circonspection, n'a point renoncé à la tâche qu'il déclare impossible; et, depuis Platon jusqu'à Schleicher, à Whitney, à Steinthal, à Noiré, à Paul Regnaud, à cent autres dont nous aurons à résumer l'opinion, ce problème capital n'a cessé de tourmenter la pensée. Nous ne le quitterons pas sans avoir tenté de le résoudre.

Lorsque l'expérience et l'induction, se prêtant un appui nécessaire, eurent réussi non sans peine à dresser l'arbre généalogique de l'homme, l'anthropologie eut encore une autre bonne fortune. Elle découvrit, dans l'embryogénie, un abrégé, une contre-épreuve rapide des transformations retrouvées ou supposées d'âge en âge. Vous savez tous que la vie intra-utérine livre aux yeux, aidés du microscope, toutes les phases du développement de la cellule, de l'œuf, du très simple agrégat matériel destiné à revêtir la dignité humaine, c'est-à-dire à réaliser en quelques mois l'œuvre de mille siècles. Eh bien! il me semble que le langage peut avoir aussi, en quelque sorte, son embryogénie. Non pas que nous puissions assister jamais à la formation d'une langue, mais nous tenons cependant le germe, l'embryon incontestable de la parole : le *cri*, qui chez la plupart des animaux supérieurs, chez l'homme même, existe à l'état isolé, indépendant, et suffit à l'expression de certains sentiments, voire de quelques idées réfléchies, — et qui par conséquent nous apparaît comme l'élément premier du langage le plus fruste.

Dès que l'on a écarté les interventions surnaturelles, dès que l'on considère le langage comme l'œuvre du temps, il est impossible d'en chercher le point de départ et le germe ailleurs que dans la résonance de l'air entre les cordes laryngiques, que dans l'émission de cette résonance par les orifices de la bouche et des narines. La production de la voix est d'abord aussi inconsciente, aussi réflexe que tout autre mouvement du corps. Le cri, dans certaines espèces inférieures, et aussi dans le bas âge d'espèces plus relevées, est invariable, comme le vagissement du petit agneau ou de l'enfant qui vient de naître. Le langue du crapaud, par exemple, ne possède qu'un seul mot ; celle du coucou, de nombre d'animaux sauvages, n'est guère moins pauvre. Et cependant, comme il répond à une impression ou à un besoin quelconque, le son est déjà significatif, puisqu'il éloigne ou attire les êtres qui ont intérêt à se fuir ou à se rapprocher. Le sens, très vague ou plutôt très compréhensif, se précise avec la sensation même dont le cri est le contre-coup ; la note unique du crapaud renferme déjà une proposition affirmative ou impérative : « j'aime, j'ai besoin d'aimer, viens! » ou quelque chose de semblable. La répétition, l'allongement, l'abaissement et l'élévation de la voix marquent un premier effort vers l'expression de sentiments plus variés, plus distinctement perçus. Des modulations, plus ou moins incertaines, plus ou moins fixées par l'exercice et l'habitude, à mesure qu'on s'élève dans l'échelle animale, à mesure que la conscience s'ébauche, viennent accroître les ressources vocales. Tel vocabulaire comportera quatre ou cinq ou dix variantes du cri de l'espèce, chacune doublée de formes intensives ou atténuées, et déjà susceptibles de combinaisons expressives, comparables à nos termes dérivés et composés ; le langage reflète alors, pour ainsi dire, les nuances de la souffrance et de la joie, de la crainte et du désir, la maladie et la santé, la faim, la soif, les changements de température, l'approche du jour et de la nuit. Lucrèce, en son quatrième livre, traduit avec un rare bonheur tous ces bégaiements de l'oiseau, de la vache, du cheval, du chien, où se représentent si clairement les sensations et les affections qui nous sont communes avec la plupart des vivants.

Le cri, chez les animaux, est resté l'expression immédiate d'une émotion actuelle. C'est une remarque assez juste et sur laquelle on insiste volontiers lorsqu'on veut accentuer la ligne de démarcation entre l'homme et l'animal. Nous croyons plus à propos de chercher quelque amendement à une formule trop absolue. Le langage animal ne franchit-il pas, en plus d'une occasion, les limites où l'on prétend l'enfermer ? Tout en étant provoqué par une sensation présente, ne lui arrive-t-il pas de répondre à un souvenir durable, même à une prévision qui peut se réaliser ?

Nous ne connaissons pas assez le vocabulaire des anthropoïdes pour interpréter sûrement les entretiens, les chœurs nocturnes de certains singes. Mais nous ne pouvons douter que le chien, si habile à distinguer les personnes amies, hostiles ou étrangères, à retenir les noms de ses maîtres, n'adresse à chacun des appels, des bienvenues, des menaces fort intelligibles. Il avertit, il remercie, il interroge, il invite à la chasse ou à la promenade. Dans ses rêves, quand certaines réminiscences font tressaillir les fibres de son cerveau, il gronde au passant qui l'a inquiété ; il donne de la voix selon qu'il croit chasser à vue l'oiseau, le lièvre ou le loup. Endormi, il fait, dans une faible mesure, ce que fait l'homme éveillé : il spécifie par des sons, qui ne sont que des signes, certaines impressions passées et qui n'ont pas d'objet.

Et ce n'est pas seulement la mémoire qui est en jeu dans ce langage embryonnaire, c'est aussi la prévision, donc la réflexion et la volonté ! Dès l'origine, le cri émotionnel est déjà un cri d'appel, et compris par ceux qui l'entendent, sinon par celui qui le pousse ; bientôt il s'accommode à des besoins moins aveugles que l'instinct génésique ; il est tour à tour un avertissement, un ordre, une convocation, contre le danger, pour la défense, la chasse ou le combat.

Ce qui vient d'être dit sur le caractère et le maniement du cri animal — tel que nous les observons chaque jour encore, s'applique, sans nul doute, au langage de l'anthropoïde qui lentement devenait homme. On peut ajouter, en toute sûreté, que ce cri — à tendance humaine — était plus riche en modulations, plus expressif et nécessairement plus intentionnel que celui de tout autre vivant ; et qu'aux artifices — déjà très féconds — du redoublement, de l'allongement, de l'intonation faible ou forte se joignaient les mille efforts de la voix vers l'articulation, vers la consonne encore enfouie dans le brouillard sonore.

On dit avec raison que l'interjection est immuable et stérile : qu'elle est située en deçà du langage ; que le langage commence où finit l'interjection. On en juge par ces exclamations communes à tous les peuples, Ah ! Hé ! Eu ! Oh !, etc., qui, en effet, n'ont pas cessé de suffire à l'expression des sentiments qui nous les arrachent, joie, douleur, crainte, désir, doute, et qui nous reportent à l'antique période du langage émotionnel. Mais on n'a pas réfléchi, premièrement, que beaucoup de ces interjections ont pu disparaître, se résorber dans les mots auxquels elles ont servi de racines ; en second lieu, que le cri, même chez les animaux, se réfère déjà à des souvenirs et à des raisonnements ; et que, chez l'homme, il a dû se plier aux besoins et aux progrès d'un organisme plus raffiné, d'un être plus sociable et plus industrieux.

Des sons uns et simples, comme A et I, ont été et peuvent être encore des exclamations. Mais songez au rôle qu'ils ont joué dans nos langues indo-européennes ; voyez-les, longs ou brefs, donner naissance à des pronoms et à des verbes, indiquer le mouvement, le lieu, même la privation et la négation. Et que sera-ce si vous les renforcez d'une nasale, d'une spirante, d'une liquide, enfin d'une ou de plusieurs consonnes ? Les quarante mille monosyllabes qui constituent la langue chinoise ne se sont pas formés autrement. C'est là, je le sais, un exemple isolé, mais considérable et probant, de la ductilité, de la variabilité presque infinie du cri humain. Les autres idiomes ont eu recours à des procédés très différents ; ils ne se sont pas préoccupés d'accroître le nombre des cris monosyllabiques ; mais bien de les associer et de les combiner.

Cette tendance, qui devait aboutir à la riche expansion des formes grammaticales, s'est manifestée d'abord par l'allongement et le redonblement, si familiers à l'animal, à l'enfant, et dont l'habitude est si invétérée que nous les employons à tout propos sans nous douter de leur antique influence, aujourd'hui épuisée, sur le développement du langage. Quand nous appuyons sur une syllabe, sur un mot que nous mettons, pour ainsi dire, en vedette, nous usons d'un artifice instinctif, naturel aux enfants et aux sauvages, à tous les peuples dont le vocabulaire est peu développé. Tylor, au tome II de sa *Primitive Culture*, a rassemblé de nombreux exemples d'allongement, empruntés à toutes les langues de l'Amérique et de l'Océanie, et qui marquent l'éloignement, l'importance, les degrés de comparaison. Les voyelles, les liquides, y sont répétées jusqu'à cinq et six fois. L'allongement, fixé par l'habitude, a produit l'accentuation, si diverse, si difficile à _ramener à un même principe, il a fourni à la grammaire des ressources précieuses pour distinguer les genres, les temps et les personnes verbales.

Le redoublement prête aux mêmes remarques. Quand nous disons Ah ! Ah ! Eh ! Eh ! Oui, oui, Non, non, Hip, hip ! Toc, toc, gaga, Popaul, quand l'enfant dit papa, maman, tantante, nononcle, fifille, ouaoua, toutou, dada, nounou, petit-petit, très-très grand, nous obéissons encore à l'instinct naturel qui portait nos ancêtres à forcer l'attention par le redoublement du même geste vocal.

Il n'est pas de langue où cet expédient si primitif n'ait laissé des traces que j'appellerai patentes. Que de peuples polynésiens, américains, africains et autres se désignent eux-mêmes ou sont désignés par des syllabes redoublées : Shoshones, Chichimèques, Niam-Niam, Lélèges, Tatars, Berbères, sans compter les noms propres ou communs tels que Unkulukulu, chez les Cafres, Taméhaméha chez les Sandwichiens,

Ici encore, nous vous renvoyons à la collection d'exemples empruntés par Tylor à plus de vingt langues plus ou moins cultivées, et dont nous ne pouvons pas embarrasser votre mémoire. De pareilles énumérations sont nécessaires, puisqu'elles permettent seules de formuler des lois ; mais leur principal intérêt réside dans des explications minutieuses qui ne peuvent trouver place ici. Il suffit que vous soyez convaincus de l'universalité du procédé, qui nous a valu des

mots tels que *murmur*, *Marmar* (antique nom du dieu Mars, contracté
en Mamers, Ma-ors, Mavors), *barbarus* (celui qui bredouille, qui
bégaie, qui ne parle pas, ἄλαλος), *purpura*, *turtur*, *pipio*, *titio* —
débris sporadiques d'une formation qui est encore en pleine vigueur
dans une foule de jargons et dialectes contemporains.

Au reste, l'analyse découvre dans nombre de racines, peu à
peu différenciées par la forme et par le sens, l'identité originelle des
deux sons répétés, que le temps a oblitérés et fondus ; tantôt l'une
ou l'autre de ces syllabes jumelles a perdu ou modifié sa voyelle ou
sa consonne ; tantôt elles se sont condensées et agglutinées. Aussi
la recherche est-elle hasardeuse ; mais le fait ne peut laisser aucun
doute ; il suffit de comparer entre elles des formes telles que *genus*
genui, *genitor* et *gigno*, γίγνομαι, γέγονα ou bien encore *mens*, *mo-*
neo, μανία et *memini*, *memoria*, μνήμη μέμνων, pour reconnaître
dans les secondes le redoublement des racines *gen* et *men* qui ont
engendré des centaines de dérivés. Toute une classe de verbes, en
sanscrit, en grec, en latin, s'est formée ainsi : *dadâmi*, *didômi*, *dedi*,
à côté de *datum*, *dôsô*, *dare*. Le système de la conjugaison
grecque repose en grande partie sur l'ingénieux emploi de ces
variantes, où le redoublement atténué de la syllabe radicale carac-
térise certains modes et certains temps. C'est ainsi que les modes les
plus rudimentaires du langage naissant transparaissent encore dans
les combinaisons savantes de la culture la plus raffinée.

Nous en avons dit assez pour établir que le cri, quelque peu as-
soupli par les ressources vocales de l'homme, a pu largement suffire
à l'humble vocabulaire des premiers âges, et qu'il n'existe aucun
abîme, aucun fossé infranchissable entre le langage des oiseaux, des
chiens, des primates et la parole humaine. Le cri d'appel dont tant
d'animaux font usage s'est développé et précisé en commandements,
en indications de distances, de nombre, de personnes, de sexe, en
termes démonstratifs, retenus et échangés par les membres des sociétés passagères ou durables, horde, famille, tribu, acceptés, modifiés, augmentés par les groupes voisins. Quant au cri émotionnel, en
dépit de son caractère réflexe et involontaire, son rôle est peut-être
plus important encore. En effet, associé à toutes les sensations et à
tous les mouvements qu'elles provoquent, il affirme un état, le pas-
sage d'un état à un autre, par suite une action et le résultat d'une
action. Or, tout cela est le propre du verbe. De sorte que, placé entre
deux démonstratifs, il leur donne la valeur respective de ce qu'on
appellera le sujet et le régime, il forme le lien, le pivot d'une proposition, fort élémentaire assurément, mais où se résume le mécanisme
fondamental de la parole. J'emploierai, afin d'être mieux compris,

des mots français ou latins ; mais il est bien entendu que chacun de ces mots doit être considéré comme une simple émission vocale dénuée de tonte désinence. Prenons les démonstratifs les plus neutres possibles : ceci, cela ; *hoc, id ;* et intercalons entre eux un cri marquant la souffrance, la joie, la colère, le désir, cri connu et compris de ceux qui l'entendent : « ceci douleur cela, cela joie ou fureur ou désir ceci », joignez-y les gestes appropriés, et vous traduirez aisément selon les cas : « il ou toi, ou moi souffre, jouit par cela, par ce coup de flèche ou de dent, par cette nourriture ou ce breuvage ; cela, lui, toi, frappe ou caresse ou mange ou poursuit ou craint ceci, celui-ci, moi. » Remplacez le démonstratif vague par des noms de personnes ou d'objets et vous aurez, dans ses traits essentiels, le parler nègre, et mieux encore, le langage du Chinois civilisé.

Mais le nom lui-même, au moins une certaine catégorie de noms, ne diffère du verbe que par des désinences très postérieures à la phase primitive, et qui sont restées étrangères au groupe monosyllabique. Ces verbes possibles que nous entrevoyons dans le cri émotionnel renferment des noms en puissance, noms de sensation, d'état, de mouvement et d'action. Cela est si vrai que, dans notre effort pour vous faire saisir la pensée, encore bien vague, de nos lointains ancêtres, nous avons été obligé d'employer indifféremment les mots douleur et souffrir, coup et frapper, crainte et craindre, — pour ne pas supposer la racine nue, le thème, qui auraient demandé de longues explications. Prenons cependant un exemple, un seul, emprunté au latin. Dans *dol-or* et *dol-ere* (en français douleur et douloir), si vous supprimez la terminaison subtantive *or* et la forme verbale *ere*, il vous reste la syllabe significative, le cri *dol*, qui n'est ni verbe ni nom, mais qui est également susceptible de fournir l'un et l'autre.

Vous vous étonnerez peut-être de voir attribuer une origine aussi ancienne à des noms que l'on a coutume d'appeler abstraits. Vous avez souvent entendu dire que les premiers substantifs ont été des noms d'objets, des noms concrets. Il ne semble pas que cette distinction ait la valeur qu'on lui accorde. La faculté d'abstraction, est inséparable de l'intelligence — qui est justement, d'après l'étymologie, le *choix entre* plusieurs faits ou qualités. La sensation déterminée est déjà une abstraction, et l'émission vocale, qui y répond, la distingue et l'abstrait des autres sensations. Le langage n'a pas d'autre office. Et comme l'impression sur le sujet, ou subjective, précède nécessairement la connaissance de l'objet, ou objective, c'est l'impression subjective qui s'est répercutée d'abord dans la parole naissante. Un progrès dans l'abstraction a pu seul amener le besoin de désigner et de nommer les choses et les êtres extérieurs à l'homme.

L'animal, qui voit et même reconnaît très-bien certaines particula-
rités locales, semble rarement analyser les traits, les détails de l'ensemble qui l'a frappé. Son attention est endormie, ou passagère. Il
en fut de même, toute proportion gardée, pour l'homme à peine
dégrossi, à peine dégagé de l'animalité. C'est lentement, qu'après
avoir réussi, tant bien que mal, à exprimer ses émotions propres et
ses intentions, il essaya de fixer en sa mémoire, par un signe vocal,
l'image flottante des objets dont le contact ou l'approche causait ses
sensations et motivait ses volontés. Il se heurtait, d'ailleurs, et tout
de suite, à des impossibilités apparentes. Comment faire entrer une
forme, une couleur, une odeur, une saveur dans un son? Comment
peindre avec la voix? Il l'a fallu, cependant, et l'homme y est arrivé,
par degrés, sans y songer, rendant d'abord, comme un écho approxi-
matif, bruit pour bruit, puis rapportant ce bruit à l'objet ou être
bruyant, puis aux choses et aux phénomènes que tel ou tel bruit ac-
compagne ou annonce, enfin aux milliers d'idées qu'éveille, en un
cerveau de plus en plus riche et actif, la simple mention du signe où
se cachent déjà plusieurs séries de métaphores.

L'imitation du cri des animaux et des bruits de la nature a été
presque universellement considérée comme la source principale des
racines dites attributives, auxquelles se rattache le plus grand nombre
des substantifs et des verbes, d'où le nom de ὀνοματοποία, onomatopée,
celle qui fait, qui crée les noms. C'est une hypothèse si plausible
qu'el'e a séduit la plupart des philosophes (ὀνόματα μιμήματα, dit Aris-
tote) et aussi des linguistes, tels que Ernest Renan, Whitney, Farrar,
Wegwood.

Max. Müller et M. Paul Regnaud, au nom de la linguistique indo-
européenne, peuvent bien la repousser, le dernier surtout avec une
ardente conviction; mais leurs critiques et leurs réserves ne sup-
priment pas cependant la tendance bien constatée des enfants et des
hommes eux-mêmes à l'onomatopée plus ou moins exacte, et si les
mots du genre de *cricri, tictac, crac, rran, boumboum*, ne constituent
qu'une partie infinitésimale et stérile de nos vocabulaires, on ne peut
nier qu'ils abondent dans une foule de langues qui n'ont pas atteint
le stade flexionnel. Bien plus, sans parler de mots comme *kukkuta*,
en sanscrit; en latin, *ululare, balare, mugire, hinnire*, etc., vous
trouverez dans les langues indo-européennes des racines, très fécondes
en dérivés de toute sorte, où se révèle encore, malgré toutes les alté-
rations des formes et les changements de sons, l'onomatopée primitive, mais une onomatopée générique, pour ainsi dire, et qui s'étend
à toute une classe de bruits similaires. On comprend ce que ces
onomatopées symboliques ont de vague, de douteux, et nous

allons voir dans quelles erreurs elles ont pu entraîner les meilleurs esprits.

La plus ancienne théorie de cette onomatopée, résultant de l'adaptation du son à l'idée, se trouve dans le *Cratyle* de Platon. « Il me semble voir, dit Socrate, dans la lettre R l'instrument propre à l'expression de toute espèce de mouvement. Aussi, l'inventeur des noms s'en est-il souvent servi à cette fin; il a d'abord imité le mouvement au moyen de cette lettre dans les mots qui expriment l'action de couler, tels que ῥεῖν, ῥοή... *I* convient à ce qui est fin, subtil, pénétrant; les sifflantes φ, ψ, ς, ζ, à tout ce qui souffle, agite, gonfle; δ, τ, à ce qui arrête ou lie; λ aux choses lisses, glissantes, luisantes; γλ caractérisera ce qui est doux, visqueux, collant, etc. » Nous avons omis les exemples, parce qu'ils sont empruntés à la langue que parlait Platon et dont il ne soupçonnait aucunement les états antérieurs. Les Stoïciens, à en croire saint Augustin, avaient pleinement accepté ces fantaisies; ils estimaient, comme dira plus tard Court de Gebelin, que la voix a dû désigner « les objets agréables par des tons agréables, les objets fâcheux par des tons aigres et rudes ». Ainsi, dans *lana, lenis, mel*, la liquide *l* exprimerait la douceur; dans *asper, vepres, acre, sp, pr, cr*, marqueraient la rudesse; *crura* (cuisses), prononcez *croûra*, donnerait tout à la fois l'impression de la longueur et de la dureté.

Leibniz, qui fut un des promoteurs de l'étude comparative des langues, n'a pas été plus heureux dans les rapprochements qu'il apporte à l'appui de la doctrine du *Cratyle*. M. Paul Regnaud, dans son livre si intéressant sur l'*Origine du langage*, a recueilli les plus curieux, et nous les citons d'après lui, pour montrer que ni le génie, ni les intentions sérieuses, ni une science réelle ne sont à l'abri des aberrations les plus saugrenues. Mais qu'importe? c'est des erreurs d'hier que sortent les vérités d'aujourd'hui. La linguistique a eu ses alchimistes.

« Comme Socrate, ou plutôt comme Platon, Leibniz croit que la lettre R a été employée « par l'instinct naturel » de différents peuples, tels que « les anciens Germains, les Celtes, etc. », pour signifier « un mouvement violent et un bruit tel que celui de cette lettre ». « Cela parait, dit-il, dans ῥέω couler; *rinnen, rüren* (*fluere*), *rutir*, fluxion; Rhenus, Rhodanus, Eridanus, Rura, Rhin, Rhône, Eridan, Roër; *rauben, rapere*, ravir: *radt, rota*; *radere*, raser; *rauschen*, bruire en frottant; *rakken*, étendre avec violence, d'où vient que *reichen* est atteindre, que *der Rick* — dans le platt-deutsch ou bas-saxon de Brunswick, — signifie un long bâton ou perche; que *rige, reihe, regula, regere*, se rapportent à une longueur ou course droite, et que *reck* a signifié une chose ou une personne fort étendue et longue, et particulièrement un géant, et puis un homme puissant et riche, comme il paraît dans le *reich* des Allemands et dans le *riche*, et *ricco*, des demi-Latins. En espagnol, *ricos hombres* signifie les nobles ou principaux ; ce qui fait comprendre en même temps comment les métaphores et les métonymies ont fait passer les mots d'une signification à l'autre, sans qu'on en puisse toujours suivre la piste. » — — Cette remarque si juste tombe d'aplomb sur son auteur. De tous les mots cités jusqu'ici, il n'y en a pas quatre qui ne jurent de se trouver ensemble.

Mais poursuivons. La lettre R n'est pas épuisée. Elle indique encore le bruit et le mouvement violent dans *riss* rupture, « avec quoi le latin *rumpo*, le grec ῥήγνυμι, le français *arracher*, l'italien *straccio* ont de la connexion. Or, comme R implique naturellement un mouvement violent, L en désigne un plus doux. Aussi voyons-nous que les enfants et les autres à qui l'R est trop dur et trop difficile à prononcer. mettent un *L* à la place et disent, par exemple, mon *lévélend pèle*, Ce mouvement doux paraît dans *leben* (vivre), *laben* conforter, aider à vivre ; *lieben*, *love*, aimer (*lubere*, *libido*) ; *lind*, *lenis*, *lentus*, doux et lent ; *laufen*, glisser promptement, comme l'eau qui coule, *labi* (labitur uncta vadis abies) ; *legen*, mettre doucement, d'où *liegen* coucher, *lage* ou *laye*, un lit, comme un lit de pierre, dans *laystein*, pierre à couches, ardoise ; *legere*, ich *lese* (ramasser ce qu'on a mis, c'est le contraire de mettre) ; *laub*, feuille, chose aisée à remuer ; *lap*, *lip*, *labra*, lèvres ; *lenken*, *luo*, délier, dissoudre ; *lien* (bas-saxon), fondre, d'où la *Leine*, rivière du Hanovre qui, venant des montagnes, grossit fort par les neiges fondues. Sans parler d'une infinité d'autres semblables appellations qui prouvent qu'il y a quelque chose de naturel dans l'origine des mots, qui marque un rapport entre les choses et les sons et mouvements et organes de la voix. Et c'est encore pour cela que la lettre L, jointe à d'autres noms, en fait le diminutif chez les Latins, les demi-Latins et les Allemands supérieurs. Cependant (la réserve est heureuse), il ne faut point prétendre que cette raison se puisse remarquer partout, car le lion, le lynx, le loup ne sont rien moins que doux. Mais on peut s'être attaché à un autre accident, qui est la vitesse (*lauf*), qui les fait craindre ou qui oblige à la course : comme si celui qui voit venir un tel animal, criait aux autres : *lauf !* (fuyez) ; outre que, par plusieurs accidents et changements, la plupart des mots sont extrêmement altérés et éloignés de leur prononciation et signification originale. » Ici la raison se fait jour à travers tout cet amas de subtilités naïves. (*Nouveaux essais sur l'entendement*, éd. Janet.)

Il ne se peut rien de plus étrange que la généalogie du mot *auge*, l'œil, pour laquelle Leibniz s'est mis vraiment martel en tête. « A, dit-il (première lettre), suivi d'une petite aspiration, fait AH, et comme c'est une émission de l'air qui fait un son assez clair au commencement, et puis évanouissant, ce son signifie naturellement un petit souffle, *spiritum lenem*, lorsque A et H ne sont guère forts. C'est de quoi ῎Αω, *aura*, *haugh*, *halara*, haleine, ἄτμος, *athem*, *odem* (allemand) ont eu leur origine. Mais comme l'eau est un fluide aussi, et fait du bruit, il en est venu (ce semble) que A H, rendu plus grossier par le redoublement, c'est-à-dire AHA ou AHHA, a été pris pour l'eau. Les Teutons et autres Celtes, *pour mieux marquer le mouvement*, y ont préposé leur double W à l'un et à l'autre ; c'est pourquoi *wehen*, *wind*, vent, marquent le mouvement de l'air, et *waten*, *vadum*, *water*, le mouvement de l'eau ou dans l'eau. Mais pour revenir à AHA (il est temps !), il paraît être, comme j'ai dit, une manière de racine qui signifie l'eau. (Notez qu'il n'y a aucune raison de le supposer.) « Les Islandais, qui gardent quelque chose de l'ancien teutonisme scandinavien, en ont diminué l'aspiration en disant *aa;* d'autres qui disent *aken* (entendant Aix, Aquas Grani — les Eaux du dieu gaulois Grannus) l'ont augmentée, comme font aussi les Latins dans leur *aqua*, et les Allemands, en certains endroits, qui disent *Ach* dans les compositions, pour marquer l'eau, Schwartz*ach* eau noire, biber*ach* eau des castors (dans les vieux titres *Wiseraha*, dont les Latins ont fait *Visurgis*, comme d'Iler*ach Ilargus*. D'*Aqua*, *Aigues*, *Auue*, les Français ont enfin fait *Eau*, où il ne reste plus rien de l'origine. *Auwe*, *Auge*, chez les Germains, est aujourd'hui un lieu que l'eau inonde souvent, propre aux pâturages, mais plus particulièrement une île... Et cela doit avoir eu lieu chez beaucoup de peuples teutoniques et celtiques, car de là est venu que tout ce qui est comme isolé dans une espèce de plaine a été nommé *Auge* ou *Ouge* (oculus). C'est ainsi qu'on appelle des taches d'huile sur l'eau, chez les Allemands ; et chez les Espagnols, Ojo est un trou. Mais *Auge*, *Ooge*, *Oculus*, *Occhio*, etc., ont été appliqués plus particulièrement à l'*œil*, qui fait ce trou isolé éclatant dans le visage, et sans doute le français œil en vient aussi, mais l'origine n'en est point reconnaissable du tout, à moins qu'on n'aille par l'enchaînement que je viens de donner ; et il paraît que l'ὄμμα et l'ὄψις des Grecs viennent de la même source. *Œ* ou *Oeland* est une île chez les Septentrionaux, et il y en a quelque trace dans l'hébreu où אי (ai) est une île. M. Bochart a cru que les Phéniciens en avaient tiré le nom donné à la mer *Ægée*, pleine d'îles. *Augere*, augmenter, vient encore d'*auue* ou *auge*, c'est-à-dire de l'effusion des eaux ; comme *Ooken*, *Auken* en vieux saxon était aug-

menter, et l'*Augustus*, en parlant de l'empereur, était traduit par
Ooker. La rivière de Brunswick, qui vient des montagnes du Harz, et
par conséquent est fort sujette à des accroissements subits s'appelle
Ocker, et *Ouacra* autrefois. »

Un aliéné n'entasserait certes pas plus d'incohérences. Les raison-
neurs du XVIIIe siècle n'en ont pas été frappés. De Brosses, esprit des
plus sagaces pourtant, dans son traité de la *Formation mécanique
des langues*, a renchéri sur Leibniz, et Court de Gébelin (dans son
Monde primitif) sur le facétieux président. Mais, ce qui est digne de
remarque, si leur démonstration est sans nulle valeur, leurs considé-
rations générales, les principes qu'ils proposent sont si pleins de
sens, si plausibles, que les véritables linguistes partisans de l'onomatopée, MM. Renan, Chavée, Burgraft, V. Egger, Whitney, V. Henry,
Hermann Paul, les ont à peine modifiés dans l'expression. Quant à
l'application, bien qu'une science plus avancée écarte beaucoup de
causes d'erreur, les difficultés restent grandes et le plus souvent
insurmontables. Il est vrai qu'on ne confond plus les langues dérivées
avec les langues mères, l'état moderne et l'état ancien des familles
d'idiomes, aussi que nul n'ira citer un mot hébreu à propos de
termes germaniques ou latins. Mais si l'on tient compte de l'immense
durée qui nous sépare des premiers cris imitatifs, on ne s'étonnera
pas, dit sir J. Lubbock, que les dérivations de mots-racines, vieux
de milliers d'années, soient entièrement perdues ou tout au moins ne
puissent plus se déterminer avec certitude. » Ajoutons une très fine
remarque de M. Michel Bréal : « Si nous croyons parfois entendre
dans certains sons de nos idiomes une imitation des bruits de la
nature, nous devrions nous rappeler que les mêmes bruits dans
d'autres langues sont représentés par de tout autres sons, dans lesquels les peuples étrangers croient également sentir des onomatopées : de sorte qu'il serait plus vrai de dire que nous entendons les
bruits de la nature à travers les mots auxquels notre oreille est habi-
tuée dès l'enfance. » Il faut donc se tenir fort en garde contre les
rapprochements trop précis, trop minutieux, mais reconnaître que le
fait même de l'onomatopée, soit directe, soit symbolique, est peu
contestable, puisqu'il a laissé des traces même dans les langues dont
l'organisme repose sur la dérivation, et qu'il s'observe chaque jour
dans le vocabulaire flottant des sauvages — contemporains intellec-
tuels de nos aïeux. Est-ce que, à toute heure, il ne nous arrive pas
d'essayer de rendre un bruit; un souvenir, une idée, par un son ?
M. Hermann Paul (dans ses *Principes de linguistique historique*),
constate qu'il se crée chaque jour, dans les langues, des mots laissant
l'impression ou portant l'empreinte de vagues onomatopées, et,

s'inspirant de cette règle qu'il faut juger de ce qui s'est passé aux
temps pour lesquels les documents, nous manquent par ce que nous
pouvons observer dans les temps postérieurs, conclut que, ce procédé ayant dû s'exercer de tout temps, « on peut lui attribuer l'origine
et le développement général du langage ».

Nous n'allons pas si loin. Le cri est l'origine ; l'onomatopée est la
seconde étape, où le langage rencontre les matériaux que vont éla-
borer l'association des idées et la métaphore. Nous ne pouvons mieux
faire, pour clore le débat, que de nous approprier l'opinion de
Whitney (*Vie du Langage*, 3e édit., 1880, p. 242). « Si, dit-il, nous
tombons d'accord que le désir de la communication est la cause de la
production du langage, et que la voix en est le principal agent, il ne
sera pas difficile d'établir d'autres points relatifs à la première période de son histoire. Tout ce qui s'offrait de soi-même comme
moyen pratique d'arriver à s'entendre, était aussitôt mis à profit. La
reproduction intentionnelle des cris naturels, reproduction qui avait
pour but d'exprimer quelque chose d'analogue aux sensations et aux
sentiments qui avaient produit ces cris, a été le commencement du
langage. Ceci n'est point l'articulation imitative, l'onomatopée, mais
cela y mène et s'en rapproche tellement que la distinction est ici plus
théorique que réelle. La reproduction d'un cri est vraiment de la
nature de l'onomatopée ; elle sert à intimer secondairement ce que le
cri a signifié directement. Aussitôt que les hommes eurent acquis la
conscience du besoin de communication, et qu'ils commencèrent à
s'y essayer, le domaine de l'imitation s'élargit. C'est là le corollaire
immédiat du principe que nous venons de poser. L'intelligence mu-
tuelle étant le but, et les sons articulés étant le moyen, les choses
audibles seront les premières à être exprimées. Si le moyen eût été
autre, les premières choses représentées eussent été autres aussi,
Pour nous servir d'un vieil mais heureux exemple, si nous voulions
donner l'idée d'un chien, et que notre instrument fût un pinceau,
nous tracerions le portrait de l'animal (c'est ce qu'ont fait les inven-
teurs des hiéroglyphes). « Si notre instrument était le geste, nous
tâcherions de mimer quelqu'un de ses actes visibles les plus caracté-
ristiques, mordre ou remuer la queue. Si notre instrument était la
voix, nous dirions *bow wouw*, *oua oua* (ainsi ont procédé les Chinois
et les Egyptiens à l'égard du chat qu'ils ont nommé *maou*). Voilà l'explication simple de l'importance qu'on doit attribuer à l'onomatopée
dans la première période du langage... Le domaine de l'imitation,
ajoute Whitney, n'est pas restreint aux sons qui se produisent dans
la nature, quoique ceux-ci soient les plus commodes sujets de reproduction. On peut en juger par une revue des mots imitatifs dans toutes

les langues connues. Il y a des moyens de combiner les sons, qui apportent à l'esprit l'idée du mouvement rapide, lent, brusque, etc., par l'oreille aussi bien qu'elle pourrait l'être par la vue ; et nous nous rendons très bien compte qu'à l'époque ou l'homme cherchait de ce côté des suggestions de mots, il devait se fixer beaucoup plus sur les analogies auxquelles il voulait donner corps, que nous ne le faisons aujourd'hui, où nous avons surabondance d'expressions pour rendre toutes les idées. »

Admettons, par exemple, et c'est précisément ce qui s'est produit, que tel ou tel son, $\bar{a}$, $o\bar{u}$, $\bar{e}$, $\bar{\imath}$, telle diphtongue vocale ou consonnante, jj, ss, ch, rr, br, fr, tr, ps, pf, w, ait paru rendre un bruit d'ailes, une modulation du vent ou de l'eau, rien n'a été plus facile que d'en tirer vingt familles de mots divers, correspondant à des centaines d'objets, de phénomènes, de sensations et d'idées, oiseau, brise, fleuve, ruisseau, pluie, feuillage, arbre ; vol, souffle, âme, fantôme ; bruissement, roulement, frémissement, tremblement, frisson, frimas, hiver ; fièvre, flamme, chaleur torride, vibration, lumière. Multipliez ces productions divergentes par la variété indéfinie des émissions vocales, et, de la pauvreté du langage primitif, vous serez précipités dans l'embarras des richesses, trouvant vingt noms pour une chose, et cent choses auxquelles pourra convenir un seul et même nom, entraînés par l'analogie, par une association d'idées fugitive ou durable à des transports, à des échanges infinis de qualités et de caractères, à passer des objets sonores aux objets colorés ou odorants, des mouvements aux formes, aux images et aux concepts. Car l'intelligence se sera dégrossie, accrue, à mesure que pullulaient les moyens d'expression. Mais elle n'est pas encore de force à coordonner ses richesses ; elle s'abandonne à l'ivresse de la métaphore, de ces comparaisons sommaires et superficielles que ne peuvent corriger ou contrôler l'observation et l'expérience, encore et pour longtemps imparfaites. La métaphore jette un pont entre les objets et les notions les plus disparates. Elle prend dans son réseau, elle amalgame tout ce qu'elle rencontre, et cond de ses fils enchevêtrés au hasard les images et les pensées. Elle lie et elle confond. Artisan de trouble et d'erreur, elle pétrit le langage et livre à la raison, qui va venir, un instrument souple, mais faussé dès le début, et pour toujours.

Durant tout ce travail, qu'est devenue l'onomatopée ? Elle s'est effacée ; son rôle est épuisé, on n'en a plus besoin pour donner aux sons une valeur significative. Voilà pourquoi M. Paul Regnaud la cherche et ne la trouve plus dans nos langues vieilles tout au plus de quatre ou cinq mille ans. C'est que la raison a fait son œuvre à son tour; classant de son mieux les matériaux confus qui lui étaient fournis par la métaphore, elle a fait choix de quelques douzaines de syllabes significatives, et par agglutination, par suffixation, par dérivation elle en a tiré un vocabulaire renouvelé, prêt à distribuer tous ses mots dans les catégories de la syntaxe et de la grammaire.

Nous avons été très frappé des vues de M. Regnaud — le savant professeur de Lyon —, sur l'origine du langage ; il se rattache comme nous à la méthode évolutive et transformiste. Nous tenons d'autant plus à faire voir, s'il est possible, que ses critiques si fondées contre les rapprochements aventureux ou non avenus proposés par Platon, Leibniz, De Brosses, Charles Nodier, même Tylor, Lubbock, Wegdwood et Farrar n'atteignent point l'onomatopée cousidérée comme facteur persistant des langues inférieures, et comme facteur préhistorique et nécessaire des idiomes flexionnels.

« Une chose bien certaine, dit M. Paul Regnaud, c'est que nous trouvons à peine la trace de ces procédés (onomatopéiques) en sanscrit, en grec et en latin, c'est-à-dire dans les langues indo-européennes anciennes dont il nous reste une littérature développée. Si l'on ajoute, comme l'a remarqué M. Fick, que plus on remonte vers les origines dans l'examen du vocabulaire des langues en question, plus les onomatopées deviennent rares, on sera fixé sur la portée qu'il convient d'attribuer aux effets primitifs de l'onomatopée. En résumé l'imitation des sons de la nature, sous toutes ses formes (directes ou symboliques), ne peut être considérée que comme un facteur tardif et sporadique du langage, et c'est certainement d'une autre cause que dépendent en grande partie la naissance et l'extension de ses formes. »

Vous aurez, je pense, remarqué combien cette fin de non-recevoir est peu catégorique, combien elle est, en somme, mesurée et prudente. Il n'est guère de linguiste dégagé du surnaturel qui conteste cette autre cause d'où dépendent, en grande partie, la naissance et l'extension du langage. Cette cause est, vous le savez, le cri. Et, pour atténuer en passant l'objection qui paraît, sans doute, à M. Regnaud la plus concluante, si l'onomatopée n'a laissé que peu de traces en nos langues classiques, quel rôle y joue donc le cri ? le rôle fort restreint, fort stérile, d'exclamation instinctive et réflexe. La raison donnée contre l'onomatopée vaudrait donc tout autant contre le cri, dont nous reconnaissons, avec M. Paul Regnaud, l'antique importance, contre le cri dont la reproduction par ceux qui l'entendaient, fut déjà, comme Whitney le remarque, une imitation, une onomatopée.

Maintenant, les traces de l'onomatopée sont-elles aussi rares que

le veut M. Regnaud dans les idiomes ludo-européens? Que sont donc
ces racines attributives *tu, tchid, stan, brh, skrp, kvan, dak; smr,
srp*, etc., sortes de clefs auxquelles lui-même, et avec beaucoup de
hardiesse, rapporte de nombreuses familles dont on peut suivre la
descendance et les croisements à travers tous les dialectes de nos
langues, famille *frapper*, famille *couper, étendre, crier, creuser,
chanter, mordre, glisser*, etc. ?

Prenons le groupe très nombreux représenté en sanscrit par la racine Brh (*b, r* voyelle, *h* guttural) qui oscille entre les prononciations
Bahr, Brah, Breck, Brüch, et aussi Blach — car les liquides R et L
permutent constamment. Cette racine, dit M. Regnaud, « signifie
crier ou *parler, prier*, d'une manière générale », (comme dans *brah*-
man prière, *brah*man prêtre, celui qui prie), et aussi, « crier comme
l'éléphant (d'où le latin *barritus*). » En grec, elle a donné différentes
variantes : βραχ dans l'homérique ἔϐραχον, parler, crier ; βρυχ dans
βρύχω rugir, βληχ dans βληχάομαι, bêler ; en anglais *to bark*, aboyer. »
Nous ne pouvons guère oublier, à cause de la ressemblance, nos
mots brailler, braire, bredouiller (si rapprochés par le sens de *brah*-
man, prière, litanies). « Si, reprend notre auteur », comme le fait lui
semble certain, « ces différentes formes dérivent d'un antécédent
unique, on doit en conclure que, loin de désigner le cri de *chaque*
animal par une onomatopée spéciale et directement en rapport avec
ce cri, nos ancêtres aryens ont employé à cet effet un terme *générique* commun, sans relation probable d'origine avec un cri quelconque, qui servait à la fois de nom à la voix de l'homme, à celle de
l'éléphant, du lion, du mouton, du chien, etc. » Nous ne serons pas si
affirmatifs; nous ne dirons pas « on doit », mais « on peut » en conclure
que l'antécédent unique des formes ci-dessus était soit une de ces
onomatopées génériques, vagues, à peine détachées du cri d'émotion
ou d'étonnement, soit une onomatopée jadis spéciale, choisie entre
vingt autres qui auraient pu rendre le même service, et généralisée
pour les besoins de l'analogie et de la dérivation.

Mais il est temps de nous résumer.

L'animal est en possession déjà de deux éléments significatifs du
langage : le cri, spontané, réflexe, de l'émotion et du besoin; le cri,
déjà intentionnel, de l'avertissement, de la menace, de l'appel. De
ces deux sortes de cri, l'homme, doué d'un appareil vocal déjà plus
riche et de facultés cérébrales moins bornées, l'homme a tiré d'assez
nombreuses variantes, au moyen de l'allongement, du redoublement,
pe l'intonation. Le cri d'appel, germe des racines démonstratives,
prélude aux pronoms, aux noms de nombre, de sexe, de distance ; le
cri émotionnel, dont nos interjections simples ne sont que les débris,

se combinant avec les démonstratifs, prépare les linéaments de la proposition, et figure déjà le verbe et le nom d'état et d'action. L'imitation, soit directe, soit symbolique (nécessairement fort approximative) des bruits de la nature ambiante, l'onomatopée en un mot, fournit les éléments des racines attributives d'où sortiront les noms d'objets, les verbes spéciaux et leurs dérivés. L'analogie et la métaphore achèvent le vocabulaire en appliquant aux objets du tact, de la vue, de l'odorat et du goût, les qualificatifs dérivés de l'onomatopée. Alors vient la raison qui, écartant la majeure partie de ces richesses incommodes, adopte un plus ou moins grand nombre de sons déjà réduits à un son vague et générique ; puis, par dérivation, suffixation, composition, elle fait découler de ces sons-racines des lignées indéfinies de mots, qui sont entre eux à tous les degrés de parenté, depuis le plus étroit jusqu'au plus douteux, et que la grammaire va distribuer dans les catégories connues sous le nom de parties du discours. Nous montrerons, bientôt, comment les formes grammaticales, désinences casuelles et personnelles, nuances de la conjugaison, sont nées de l'atrophie des syllabes affixées ou suffixées à la syllabe radicale. Nous essayerons aussi de vous faire voir quelle part dans le développement du langage appartient à une sorte d'aveugle force, à la nature, comme l'on dit, quelle part à l'intelligence, soit collective, soit individuelle, et comment la constitution de la grammaire détache la linguistique de la zoologie proprement dite et la fait entrer dans l'histoire. Mais, rassurons-nous, ce domaine historique ne peut, à aucun titre, être fermé à l'anthropologie ; car il n'est qu'une dépendance, un appendice de l'histoire naturelle.

CHRONIQUE PRÉHISTORIQUE

Par Gabriel de MORTILLET

Le préhistorique confirme la grande loi de l'évolution. Bien que jeune — il ne remonte environ qu'à soixante ans — il a déjà traversé deux phases bien distinctes : la naissance ou création, et le développement ou concentration. Malgré l'intervention de savants du plus haut mérite, Tournal, Aymard, Lartet, Boucher de Perthes et Bourgeois, en France ; Schmerling, en Belgique ; Christy, en Angleterre ; Thomsen, Forschammer et Worsaae, en Danemark ; Nilsson, en Suède ; Ouvaroff, en Russie ; Hochstetter, en Autriche ; Rœmer, en Hongrie ; Keller, Morlot et Desor, en Suisse ; Gastaldi, Gozzadini et Chierici, en Italie ; Carlos Ribeiro, en Portugal, — pour ne citer que les morts, — la naissance ou création de la science nouvelle a nécessité plus de trente ans. C'est tout naturel ; démontrant le développement progressif de l'humanité et la haute antiquité de l'homme, elle contrariait toutes les idées reçues et devait soulever une grande opposition. Elle est venue à bout de toutes les difficultés grâce surtout à l'institution et au brillant développement des Congrès internationaux d'archéologie et d'anthropologie préhistoriques, fondés sur ma proposition en 1865.

C'est alors qu'a commencé la seconde période, celle de développement ou concentration. De toutes parts on s'est mis à chercher. On a entassé les faits et les observations. Les matériaux ont abondé ; on les a soigneusement emmagasinés. La science nouvelle a grandi, s'est corsée, s'est largement développée. Ses adversaires, n'ayant pas pu entraver son essor, ont alors cherché à mêler, comme ils disent, l'ivraie au bon grain, c'est-à-dire le faux au vrai. Aux observations précises et exactes, ils ont opposé des observations incomplètes, et même erronées. Mais les grandes et belles exhibitions des Expositions universelles de Paris, en 1867 et 1878, tout en montrant l'abondance des documents réunis, ont pu faire apprécier leur valeur relative. C'est ce qu'a confirmé l'exhibition de l'histoire du travail de l'Exposition de 1889. Elle était parfaitement dans son rôle historique, constatant simplement l'état passé et actuel.

Il y avait pourtant plus et mieux à faire : ouvrir la voie à l'avenir. C'est ce qu'ont tenté, avec le concours bienveillant et éclairé de deux Ministres de l'instruction publique, MM. Lockroy et Fallières, la Société, l'Ecole et le Laboratoire d'anthropologie de Paris.

C'est la continuation de l'évolution du préhistorique. Il entre dans sa troisième phase, celle de la production. Maintenant qu'il est créé, maintenant qu'il s'est développé et corsé par une puissante accumulation de faits, et par d'importantes observations, il faut utiliser ces richesses et se servir des matériaux qu'on a entre les mains, pour rattacher et unir la science nouvelle à toutes les autres branches des sciences. C'est ce qui a été tenté à l'exposition de la Société, de l'Ecole et du Laboratoire.

Cette tendance n'est pas seulement française ; elle se manifestait aussi dans la partie danoise de l'exposition préhistorique se rattachant à l'ethnographie ; dans l'exposition belge cherchant à relier le préhistorique à l'histoire générale de Belgique ; dans l'exposition Bellucci, d'Italie, servant d'intermédiaire entre le préhistorique et le folklore, et dans l'exposition Thomas Wilson, des Etats-Unis, liaison entre l'ethnographie américaine et le paléolithique européen.

L'Exposition de 1889 a entrainé à sa suite une véritable invasion de

Fig. 2. — Dessus.   Fig. 3. — Dessous.
Silex de Puy-Courny. Collection Ad. de Mortillet. Grandeur naturelle.

Congrès. Excellente occasion pour organiser la 10ᵉ session des Congrès internationaux d'anthropologie et d'archéologie préhistoriques. Cette session en effet a eu lieu du 19 au 27 août, sous l'impartiale et savante présidence de M. de Quatrefages. Le nombre des souscripteurs français a été de 191. A la session de Paris, en 1867, il s'était élevé à 217. Cette diminution a-t-elle été produite par quelque mauvais vouloir ou par le manque d'un organe spécial ? Heureusement elle n'a pas empêché la réunion d'être des plus importantes au point de vue scientifique. La session a obtenu un véritable succès. Les résultats furent tels qu'avant de se séparer on émit le vœu de se réunir dans deux ou trois ans, en Russie, sous la présidence de Mᵐᵉ la comtesse Ouvaroff.

Un nouvel élan était donné aux études préhistoriques. Mais où se renseigner ? Comment se tenir au courant des progrès de la science ? Il n'existait plus de résumé mensuel. De toutes parts on en réclamait un. C'est ce qui nous a décidé à publier dans chaque numéro de la *Revue de l'Ecole d'anthropologie* une CHRONIQUE PRÉHISTORIQUE annonçant toutes les découvertes, résumant tous les travaux.

Nous remonterons jusqu'aux époques les plus anciennes sans nous préoccuper s'il est de bon ou de mauvais ton de nier les silex tertiaires intentionnellement taillés. Nous rechercherons impartialement, sans aucun parti pris, si ces silex présentent ou non des traces de taille. Mais devant des

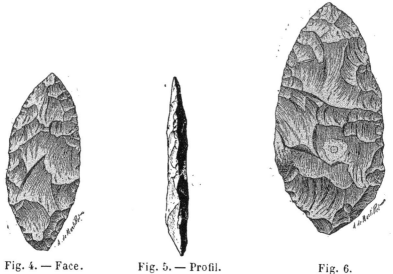

Fig. 4. — Face.   Fig. 5. — Profil.   Fig. 6.

Pointes en feuille de laurier. Silex, Italie. 3/4 grandeur.

pièces comme celle de Puy-Courny, recueillie par M. Rames, pièces dont nous donnons le dessin figures 2 et 3, nous n'hésitons pas, avec M. de Quatrefages, à proclamer la taille intentionnelle de cet échantillon tertiaire.

Ce n'est pas à dire pour cela que nous ne reconnaîtrons pas, avec loyauté et franchise, le mal fondé d'une détermination adoptée précédemment soit par nous, soit par d'autres. Nous le prouvons dès aujourd'hui. Les belles pointes de silex taillé en feuille de laurier provenant des gorges de l'Adige et des montagnes de Bréonio, près de Vérone (fig. 4 à 6), ont été rapportées par plusieurs palethnologues au solutréen; Adrien de Mortillet, partageait cette opinion, mais des fouilles qu'il a exécutées à Bréonio même lui ont montré que nous avons été induits en erreur par une similitude de forme. Les pointes italiennes se rencontrent dans un milieu nettement néolithique. Nous le proclamons bien haut. L'exactitude et la vérité avant tout. Tel est le principe qui nous guidera toujours dans la rédaction de notre chronique.

Enfin, quand il sera nécessaire, nous donnerons la figure des pièces importantes et inédites, comme celle (fig. 7), qui représente la seconde pierre sculptée du dolmen de Collorgues (Gard). Ces sculptures, qui se rapprochent de celles découvertes par M. J. de Baye dans les grottes artificielles de la Marne, sont fort importantes, non seulement au point de vue de l'histoire du développement de l'art, mais surtout par les inductions qu'on peut

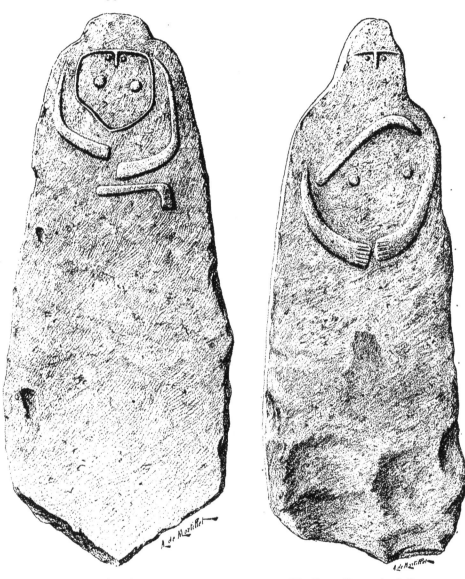

Fig. 7. — Pierre inédite de Collorgues. 1/13 grandeur.

Fig. 8. — Pierre de Collorgues. Extrait de *l'Homme*. 1/13 grandeur.

en tirer concernant les origines des populations qui les ont exécutées. Elles se lient ainsi intimement à notre histoire nationale.

Nous espérons que le cadre que nous venons de tracer, tout en suivant, provoquant même, le mouvement évolutionriste du préhistorique, répondra aux nombreuses demandes qui nous ont été adressées. Il ne nous reste plus qu'à prier nos collègues et amis de vouloir bien seconder nos efforts.

Au moment de clore cet article il nous arrive deux nouvelles qui montrent combien le préhistorique est estimé à l'étranger. Le Gouvernement italien reconnaissant les grands services rendus à la science par le professeur Giovanni Capellini, l'un des fondateurs des Congrès internationaux d'anthropologie et d'archéologie préhistoriques, vient de le nommer sénateur. De même le Gouvernement russe a donné, pour ses étrennes, au professeur Anatole Bogdanow, président du comité d'organisation du Congrès de Moscou, la plaque de Commandeur de l'ordre de Saint-Vladimir.

Cerveaux conservés naturellement. — Il est un fait sur lequel nous croyons utile d'appeler l'attention, parce qu'il doit se produire bien moins rarement qu'on ne pourrait le supposer ; c'est celui de l'état de conservation sûrement fort remarquable, dans lequel on peut trouver les cerveaux dans les cimetières dont le sol est saturé de matières organiques par suite d'un long usage.

Les anciens cimetières de Paris réalisent ces conditions au plus haut degré ; aussi cela a-t-il pu permettre, lors des fouilles exécutées aux mois d'août et septembre derniers, dans la partie de l'ancien cimetière de Clamart, occupée par la cour de l'école municipale du boulevard Saint-Marcel, de recueillir un certain nombre de cerveaux relativement assez bien conservés. N'ayant été malheureusement averti de ces travaux que lorsqu'on finissait de recombler les tranchées qui avaient été ouvertes pour rechercher le cercueil de Mirabeau, nous avons dû nous borner à sauver de la destruction quelques encéphales qui, exhumés depuis une quinzaine, avaient été rejetés avec les crânes dans les déblais.

Ce n'est qu'à l'enlèvement de ces déblais que les cerveaux ont pu être retrouvés. Les conditions de conservation étaient donc des plus défectueuses, puisque ces cerveaux avaient eu à souffrir de manipulations brutales et de l'intensité de la chaleur du mois d'août. Cependant nous avons été assez heureux pour pouvoir envoyer aux collections de l'Ecole d'anthropologie quelques hémisphères entiers, sur lesquels les circonvolutions sont bien nettes. Certainement, si quelqu'un s'y intéressant avait été présent lors de la découverte, les cerveaux eussent été assez intacts pour qu'on se livrât sur eux à des comparaisons morphologiques.

Avoir des cerveaux vieux d'un siècle, suffisamment conservés pour révéler encore les principaux plis de leurs circonvolutions, semble valoir la peine qu'on ne néglige pas les occasions favorables pour les recueillir. Aussi serions-nous heureux d'être renseignés à temps, chaque fois que des fouilles seront faites dans d'anciens cimetières parisiens. P.-G. M.

SOCIÉTÉ D'ANTHROPOLOGIE DE PARIS

Installation du bureau. Discours de MM. HOVELACQUE, président sortant, et LABORDE, président pour 1891.

M. COLLIN présente des armes du Haut-Congo. Ce sont des koulbédas portant des rainures pour l'écoulement du sang. — M. VERNEAU reconnait ces formes comme appartenant à l'Afrique orientale. Au Congo et au Gabon ces gouttières sont devenues des ornements. — M. Ad. de MORTILLET pense que ce sont aussi des armes de jet, et qu'elles existent aussi bien dans l'est que dans l'ouest africain. — M. G. DE MORTILLET dit que ces types sont fabriqués par les Anglais et importés en Afrique ; c'est ainsi qu'on fabrique à Nantes des bracelets de bronze envoyés au Dahomey. — M. HERVÉ constate le déplacement, depuis plus d'un siècle, des populations de l'est de l'Afrique vers le centre et l'ouest.

M. BEAUREGARD présente le manuel des confesseurs de 1593 relatif à la réglementation par le confesseur des rapports sexuels. D'un second volume dû à Escobar, et d'un troisième dû à M. Bouvier, il résulte que les confesseurs doivent ordonner aux époux de procréer le plus grand nombre possible d'enfants.

M. CHERVIN fait une longue communication sur la dépopulation ; il appuie ses arguments de projections donnant les courbes statistiques résultant de ses études sur le département de Lot-et-Garonne. La question de la dépopulation est à l'ordre du jour de la Société depuis un certain nombre de séances ; nous nous proposons, lorsque cette intéressante discussion sera terminée, d'en présenter un résumé.

	LOCALITÉS	INDUSTRIE LITHIQUE
3. Carnacéenne. e Carnac (Morbihan).	Carnac (Morbihan). Toutes les régions à monuments mégalithiques, à dolmens et à grottes sépulcrales artificielles, notamment celles de la Champagne. Régions analogues jusqu'en Scandinavie, Espagne, Portugal, Corse. L'Auvernier (Suisse). Tourinne (Belgique). Collorgues (Gard), etc.	Extrême extension du polissage. Formes artistiques des haches, grandes dimensions, haches très petites. Haches perforées à douille. Emploi de matières chatoyantes et précieuses : Calaïs, jais, quartz rouge, stéatite, etc. Développement de la parure.
. Chasséo-robenhausienne. Du camp de Chassey aône-et-Loire), station rrestre; et de Robenusen (Suisse), station custre.	Camp de Chassey (Saône-et-Loire). Camp Barbet et Camp de Catenoy (Oise). Fontenay-Saint-Père et lesMauduits (Seine-et-Oise), etc. Robenhausen (Suisse), etc.	Développement du polissage. Matières premières diverses prises dans les gisements locaux ou dehors. Multiplication du nombre des outils. Grands polissoirs fixes. Scies à coches, gouges. Sciage et forage de la pierre. Emmanchement des haches dans la corne du cerf.
1. Campignienne. u Campigny (Seine-Intérieure).	Le Campigny (Seine - Inférieure). Vaudeurs (Yonne). Toute la région d'Othe (Aube et Yonne). Champignolles (Oise). Commercy (Meurthe - et - Moselle). La base de la grotte de Nermont (Yonne). Ghlin (Belgique). Les amas danois anciens de coquilles comestibles, etc. Bologoge (Russie), etc.	Tranchets de silex, désignés par les Danois sous le nom de coupoirs. Instruments grossiers indéterminés, pics, etc. Haches dites préparées pour le polissage et ayant servi sans être polies. Haches très sommairement polies, rares.

AUTRES INDUSTRIES	HABITATIONS	SÉPULTURES
Amélioration de toutes les dustries des époques précéntes. Poterie perfectionnée. Architecture : menhirs, alignents, cromlechs, monuments ladrilatères, dolmens, galeries uvertes. Grands tumulus. Gravure. Sculpture. Origine de la statuaire. Chirurgie Trépanation.	Continuation et perfectionnement des modes d'habitation antérieurs. Cabanes terrestres. Constructions lacustres. Pilotis. Commencement des terramares italiennes.	Inhumations dans les dolmens, les galeries couvertes, les grottes artificielles, sépultures en cistes, avec haches votives entières ou brisées intentionnellement comme rite funéraire. Percussion du silex au moment de l'inhumation. Fausses haches introduites comme simulacres dans les mobiliers funéraires. Amulettes crâniennes. Ossuaires. Grand développement du soin des morts. Aliments déposes avec eux.
Poterie meilleure avec anses ornements variés ; agrandisment du format des vases denant de petits magasins d'apovisionnement. Cuillères en terre cuite. Art du bâtiment lacustre en bois Développement de la navigan. Filets et pesons, hameçons et tteurs pour la pêche. Vannerie. Fusaioles, filage et tissage du , étoffes, arcs, frondes, lances Arboriculture, agriculture. Mouture des grains, fabrication pain, du beurre, du fromage, boissons fermentées. Domestication.	Cavernes. Grottes. Cabanes terrestres avec ou sans clayonnage, avec ou sans tentes. Constructions lacustres. Pilotis.	Inhumation dans les cavernes et grottes naturelles ou à même le sol. Mobiliers funéraires. Les inhumations néolithiques connues ne sont pas accompagnées d'objets anterieurs à l'époque chasséo-robenhausienne, ni dans l'Europe occidentale, ni en Scandinavie.
Puits d'extraction de silex lampignolles). Poterie grossière (Le Campiy), présumablement l'origine l'art de terre.	Cavernes. Grottes. Dépressions creusées dans le sol en abris et foyers, avec ou sans branchages, avec ou sans couverture.	Aucun instrument de l'époque campignienne n'a été jusqu'à présent recueilli dans les sépultures néolithiques dont le commencement ne parait pas remonter plus loin que l'époque chasséo-robenhausienne.

VARIA

COURS DE L'ÉCOLE D'ANTHROPOLOGIE

Nous donnons le résumé succinct des matières traitées dans les deux derniers mois de 1890.

COURS D'ANTHROPOLOGIE PRÉHISTORIQUE. — M. Gabriel DE MORTILLET traite des *Origines de l'agriculture* (le lundi à 4 heures).

Seconde partie d'un programme qui embrassait les *Origines de la chasse, de la pêche et de l'agriculture*. La première partie, chasse, pêche et domestication, c'est-à-dire tout ce qui concerne les animaux, a fait le sujet de cours précédents, a déjà été publiée dans la *Bibliothèque anthropologique*.

La seconde partie, objet du cours actuel, contient la sylviculture, l'agriculture proprement dite et l'horticulture. Elle est donc consacrée presque exclusivement aux végétaux.

Huit leçons ont eu lieu dans le courant de novembre et de décembre. Le professeur s'est occupé surtout de la sylviculture et de la végétation sauvage. Il a passé en revue tous les renseignements que nous possédons sur les végétaux concernant le paléolithique ou période quaternaire, le néolithique et l'âge du bronze. Cette revue lui a permis de constater divers changements de température, dans nos régions, pendant le quaternaire et même dans les temps actuels. Il a groupé le peu que l'on sait sur l'emploi du bois par l'homme fossile et recherché comment cet homme empoisonnait ses armes pendant le magdalénien. Arrivé au néolithique et au bronze, les documents étant beaucoup plus abondants le professeur a pu, en s'occupant successivement des tourbières — surtout de celles du Danemarck — des palafittes ou habitations lacustres, des terramares et de certaines sépultures, fournir de nombreuses données sur l'art des charpentiers et des menuisiers dans les temps préhistoriques.

COURS D'ETHNOGRAPHIE LINGUISTIQUE (le mardi à 4 heures). — Après avoir présenté, en trois leçons, diverses hypothèses sur l'origine du langage et la diversité originelle des dialectes et des souches linguistiques, M. André Lefèvre a exposé la distribution des idiomes appartenant aux trois classes : monosyllabiques ou isolantes ; agglutinantes et incorporantes ; et flexionnelles ou inflexionnelles. Il a jusqu'à ce jour passé en revue les groupes sinobirman, ouralo-altaïque; colario-dravidien; malayo-polynésien; boschiman, bantou, guinéen, libyen; il abordera incessamment l'histoire sommaire des langues sémitiques et indo-européennes, et les principes de la phonétique et de la grammaire comparées indo-européennes.

COURS D'ANTHROPOLOGIE ZOOLOGIQUE (le mardi à 5 heures). — M. Georges HERVÉ traite de l'histoire générale de l'homme et des animaux.

Dans la première partie du cours qui doit constituer une sorte d'introduction à un enseignement de l'ethnologie, le professeur a traité les sujets suivants : Tendances nouvelles de la zoologie ; influence de l'anatomie comparée; Pallas, Cuvier. — Retentissement de ces tendances sur l'histoire naturelle de l'homme : ce qu'elle a été avec Buffon ; ce qu'elle est devenue avec Camper, Blumenbach, Broca. — Légitimité du retour à la tradition de Buffon. — Objet véritable de la zoologie. Vues de Blainville. — Ce que doit être l'anthropologie zoologique. — Le groupe humain.

A. — Exposé du programme de l'histoire actuelle de l'homme. — 1° Situation du groupe humain dans la série animale : détermination de ses rapports avec le reste de la nature organisée. — 2° Divisions et subdivisions du groupe humain; groupes partiels dont il se compose. — L'ethnologie. Caractères distinctifs des races : différences morphologiques, anatomiques, physiologiques, psychologiques. Corrélations générales des caractères et notion des types : leur nombre ; ce qu'ils représentent. Espèces, races et variétés; valeur et emploi de ces termes en anthropologie. Les peuples. Ethnographie et ethnologie. — 3° Le groupe humain dans son ensemble. Anthropologie générale. — Sources de l'anthropologie générale; sciences auxquelles elle emprunte.

B. — Des méthodes en anthropologie. Méthode des sciences naturelles; en quoi elle se modifie en s'appliquant aux faits anthropologiques. — Méthode numérique simple ou des moyennes. Le type moyen calculé et le type moyen choisi. — Applications de la statistique à l'histoire naturelle de l'homme (décadence et dépérissement des races, colonisation et acclimatement, influence de la race et du climat sur la durée de la vie, etc.). — Questions anthropologiques complexes; méthode analytique. Exemple : explication des différences ethniques présentées par les peuples indo-européens; application à l'ethnogénie du sud-ouest de l'Europe. — Inégale importance et incoordination des caractères en ethnologie. Principe de la subordination des caractères. — Discussion de la valeur relative des caractères, considérés comme éléments de classification des groupes humains. — Aptitudes intellectuelles, morales et sociales. La perfectibilité et ses degrés dans les différentes races : races initiatrices, imitatrices et réfractaires. Les langues. Comparaison des caractères linguistiques et des caractères physiques au point de vue de leur permanence respective. — Fixité des types ethniques, influence des milieux.

C. — Avenir des groupes humains. Portée utilitaire de l'ethnologie; prévisions possibles; de la probabilité dans les sciences inorganiques, biologiques et anthropologiques. — Rôle des groupements ethniques dans l'histoire de l'humanité. L'erreur ethnocentrique. — Migrations et croisements.

COURS D'ANTHROPOLOGIE BIOLOGIQUE (le mercredi à 4 heures). — Nous publierons dans le prochain numéro la leçon d'ouverture faite par M. Laborde, le 28 janvier.

. **COURS D'ANTHROPOLOGIE HISTOLOGIQUE. — M.** MAHOUDEAU étudie l'histologie de la peau, de ses annexes et des organes des sens (le mercredi à 5 heures).

· ·Les causes qui permettent aux êtres vivants d'être essentiellement modifiables, c'est-à-dire de pouvoir se transformer sous l'influence des différents milieux, sont surtout mises en évidence par l'étude de la constitution intime de leurs tissus. C'est ce qui fait que la connaissance de la composition cellulaire de l'organisme contribue dans une large mesure à étendre les données que nous devons à la morphologie sur l'évolution des formes qui ont précédé celle de l'homme.

L'agglomération cellulaire qui se présente naturellement la première à étudier est celle qui a pour origine le feuillet superficiel du blastoderme. Ce feuillet est le point de départ de deux appareils importants : l'un, provenant d'une colonie cellulaire émigrée dans la profondeur, donne naissance au système nerveux, il a été l'objet du cours de l'an dernier ; l'autre, issu directement des cellules demeurées à la surface, constitue l'épiderme, qui, avec le derme sur lequel il s'étale, forme la peau.

Les diverticulums que cet épiderme envoie dans le derme en sont les annexes, et les invaginations de cette couche cellulaire allant se mettre en rapport avec des prolongements venus des centres nerveux forment des organes des sens. Pour rendre ces processus faciles à saisir, les premières leçons ont été consacrées à l'étude générale de la cellule, de ses variétés, de son mode de reproduction ; puis on a abordé l'étude de la peau. Après avoir rappelé l'importance de la peau en anthropologie, où la coloration a servi à établir les classifications les plus anciennes, on en a exposé la conformation extérieure : la superficie, les limites l'épaisseur, la résistance l'élasticité, etc.; ensuite la conformation intérieure : le derme, le tissu conjonctif qui le constitue, les cellules migratrices, l'origine du tissu conjonctif, la structure et la texture du derme, les vaisseaux ; l'épiderme, ses deux couches, leur épaisseur, la couche de Malpighi, ses cellules et leur parenté avec celles des centres nerveux ; la couche cornée, la kératinisation, le stratum granulosum, le stratum lucidum, la reproduction de l'épiderme, la greffe épidermique, les propriétés et les usages de l'épiderme, sa formation. Ensuite la coloration de la peau, le pigment, la mélanine, la classification de la pigmentation, races blanches, races nègres, la pigmentation individuelle, les taches de rousseur, les éphélides ignéales, les nævi pigmentaires et vasculaires, le mélanisme, l'origine du pigment, les causes de sa formation, les chromatophores et les chromatoblastes ; on continuera par l'albinisme, le rôle et l'utilité du pigment, les glandes sébacées, les glandes sudoripares, les poils, les ongles, les dents, et on terminera par l'histologie des organes des sens.

COURS DE GÉOGRAPHIE MÉDICALE (le vendredi à 4 heures) : Rôle du milieu intérieur dans les phénomènes d'acclimatation.

M. BORDIER avait étudié, l'an dernier, le rôle des *agents extérieurs*. Il avait montré par des exemples empruntés à l'homme et aux autres animaux ainsi même qu'aux végétaux, l'action *transformante* du milieu extérieur. Il avait été ainsi amené à développer la *thèse transformiste*, et insistant sur la nécessité du temps pour une pareille transformation et montrant l'inanité du rêve des *acclimatateurs empiriques* qui se flattent d'acclimater un individu vivant en espérant qu'il ne se transformera pas et qu'il gardera les qualités qu'il avait dans son pays d'origine.

Dans le cours de cette année, M. Bordier se place à un point de vue différent, il étudie l'autre face de la question.

Le *milieu intérieur* est l'ensemble des sucs et des liquides où sont baignés les éléments anatomiques, qui, réunis en *colonie animale*, forment les individus vivants ainsi considérés comme une juxtaposition, une fédération d'éléments anatomiques mono-cellulaires.

C'est dans ce milieu intérieur que se manifeste par voie d'hérédité, d'atavisme, la résistance à l'action *transformisante* du milieur extérieur.

Après avoir consacré une dizaine de leçons à l'étude du milieu intérieur dans les races humaines, M. Bordier étudie comment se comporte ce milieu intérieur dans les divers climats. Il étudie en ce moment l'acclimatabilité du *nègre*.

Il arrive, avec le Dr CORRE à cette conclusion que pour des raisons d'ordre social comme d'ordre organique, le nègre, malgré sa résistance à la fièvre jaune et à la fièvre paludéenne, présente dans les pays chauds peu de résistance aux maladies banales, peu de vitalité.

Le nègre peut être un outil de défrichement de la première heure, mais ne saurait donner en Afrique une civilisation vive. — Elle ne pourra être faite que par la race blanche.

Dans les leçons suivantes, il étudiera l'acclimatation dans la race blanche.

COURS D'ANTHROPOLOGIE PHYSIOLOGIQUE, professé par M. L. MANOUVRIER. Programme de 1890-91 : L'anatomie humaine dans ses rapports avec la psychologie; étude critique des doctrines et des travaux récents sur les criminels. — Voici le sommaire des leçons de novembre et décembre 1890.

— Résumé du cours de l'année précédente et principalement de l'interprétation physiologique du poids de l'encéphale. Rappel des localisations cérébrales.

— Rattachement de l'étude du poids cérébral à l'étude de la forme du cerveau.

— Les circonvolutions cérébrales. Causes de leur formation. Leur mode d'accroissement quantitatif et de développement morphologique.

— Double relation avec la taille et avec le perfectionnement intellectuel. Indépendance relative de la région frontale par rapport à la taille.

— Contributions de l'anatomie comparée du cerveau à la physiologie. Amoindrissement du lobe olfactif. Agrandissement du lobe frontal. Son arrêt précoce chez les anthropoïdes. Opposition, sous ce rapport, entre les anthropoïdes et l'homme.

— Etude de la forme générale du cerveau et du crâne. Double relation avec la taille et avec le développement intellectuel. Loi générale rattachant la forme au poids relatif du cerveau.

— Vérification et applications de cette loi. Espèces diverses. Espèce humaine. Ages. Sexes. Races. Diverses catégories d'individus.

— Interprétation des caractères morphologiques du crâne et du cerveau au point de vue psychologique. Applications à l'esthétique.

Nous publierons dans le prochain fascicule le résumé du cours de *Sociologie* de M. Letourneau, et du cours d'*Ethnographie comparée* de M. Adr. de Mortillet.

NÉCROLOGIE

ANTONIO STOPPANI. — JULES DELEHAYE

L'année a mal débuté pour l'Italie et pour la science. Le 1er janvier s'éteignait à Milan, à l'âge de soixante-six ans, un des géologues italiens les plus distingués, l'abbé Antonio STOPPANI, président de la Société italienne des sciences naturelles, directeur du Musée civique de la ville. Stoppani a surtout étudié la géologie et plus encore la paléontologie de la Lombardie. Ces études l'ont naturellement poussé vers la palethnologie. Il a fait de nombreuses fouilles et d'intéressantes recherches concernant les palafittes du lac de Varèse. A la réunion extraordinaire de la Société italienne des sciences naturelles qui eut lieu en 1865, à la Spezzia, il prit une part active à l'organisation des Congrès internationaux d'anthropologie et d'archéologie préhistoriques, dont M. G. de Mortillet venait de proposer la création. C'est pour cela qu'il fut nommé membre fondateur. Sa mort réduit à deux le nombre de ces membres qui primitivement était de quatre.

Jules-Alexandre-Napoléon DELEHAYE, né dans la Flandre belge, est mort le 10 janvier, à Paris, à l'âge de quatre-vingt-deux ans. Nous devons un souvenir à ce doyen d'âge des auditeurs de l'Ecole, qui en suivait régulièrement presque tous les cours.

Les secrétaires de la rédaction,   *Pour les professeurs de l'École,*   *Le gérant,*
P. G. MAHOUDEAU.   AB. HOVELACQUE.   FÉLIX ALCAN.
A. DE MORTILLET.

ÉVREUX, IMPRIMERIE DE CHARLES HÉRISSEY

CPSIA information can be obtained
at www.ICGtesting.com
Printed in the USA
BVHW04*0946210918
527831BV00034B/1029/P